6 minutos al día
TONIFICACIÓN

6 minutos al día
TONIFICACIÓN

FAYE ROWE

Bath · New York · Singapore · Hong Kong · Cologne · Delhi · Melbourne

Producido originalmente por Bridgewater Book Company Ltd

Fotografía: Ian Parsons
Modelo: Samantha Fuery
Asesoramiento deportivo: Dax Moy Personal Training Studios

Copyright © 2008 de la edición en español:
Parragon Books Ltd
Queen Street House
4 Queen Street
Bath BA1 1HE, Reino Unido

Traducción del inglés: Carlos Chacón Zabalza para LocTeam, S. L., Barcelona
Redacción y maquetación: LocTeam, S. L., Barcelona

ISBN 978-1-4075-1682-0

Impreso en Indonesia
Printed in Indonesia

Advertencia
Consulte con su médico antes de realizar estos ejercicios, en especial
si padece alguna lesión, está embarazada o ha dado a luz recientemente.
Se recomienda dejar transcurrir al menos seis semanas después del parto
antes de practicar ejercicio (12 semanas en caso de cesárea). Si en algún
momento sintiera dolor o molestias, deje de practicar los ejercicios y
consulte de inmediato con su médico.

ÍNDICE

La mejor forma de empezar el día es practicar un poco de ejercicio. Las tablas de tonificación que aparecen en este libro no sólo te aportarán vitalidad, sino que también activarán tu metabolismo, de manera que quemarás más calorías a lo largo del día. Además, el ejercicio mejorará tu sistema circulatorio y hará que tu piel esté tersa y brillante.

Tonificada en dos semanas

Cada uno de los ejercicios del libro ha sido elegido específicamente para lograr los máximos resultados. Así que, aunque por las mañanas no te sobre el tiempo, haz lo posible por reservar tan sólo seis minutos diarios y comprobarás que puedes alcanzar resultados visibles en dos semanas si sigues el plan.

Lo mejor de este libro es que está dirigido a todo el mundo, incluso a las personas que no están acostumbradas a hacer ejercicio. Aunque nunca hayas pisado un gimnasio, verás que los ejercicios resultan fáciles y divertidos.

Vida sana

Transcurridas las dos semanas, comprobarás que la ropa no te aprieta tanto y que empiezas a tener los músculos más definidos. Algunas personas tardan un poco más en responder al ejercicio por diversas razones, como la constitución física (la cantidad de masa muscular) u otros factores relacionados con el estilo de vida.

Aunque este libro es un magnífico recurso, tal vez debas introducir algunos cambios en tu estilo de vida para maximizar los resultados beneficiosos, especialmente si quieres que éstos sean pronto visibles para estar radiante en una ocasión especial. Una alimentación saludable es el complemento perfecto de un estilo de vida más activo, pero recuerda: consulta siempre a tu médico o a un experto en nutrición antes de introducir cambios en la dieta.

Simplemente con una alimentación saludable (reduciendo las grasas y los azúcares, comiendo gran cantidad de fruta y verduras frescas, y bebiendo ocho vasos de agua al día) eliminarás toxinas del sistema y convertirás tu cuerpo en una máquina más eficiente para que los músculos respondan mejor al ejercicio. Pero incluso sin un esfuerzo adicional, poco a poco verás que tienes el cuerpo más tonificado y en forma. Tan sólo tienes que repetir el plan quincenal hasta obtener los resultados que desees.

Una vez que te hayas acostumbrado a la tabla de gimnasia, harás los ejercicios sin darte cuenta y se convertirán en un momento agradable del día. Muchos estudios han demostrado que el ejercicio puede resultar adictivo, debido a la cantidad de compuestos químicos (serotonina y dopamina) que se liberan en el cerebro mientras se realiza. Es exactamente igual que comer chocolate, ¡pero sin la sensación de culpabilidad!

Los ejercicios

Los ejercicios que aparecen en este libro se han elegido para ayudarte a tonificar todo el cuerpo, de modo que lograrás resultados equilibrados. Están divididos en cinco apartados diferentes, cada uno de los cuales está dirigido a una parte concreta del cuerpo, y un apartado combinado dedicado a pecho y espalda. Algunas partes del cuerpo, como los glúteos y los muslos, resultan más difíciles de tonificar, motivo por el cual hay más ejercicios específicos para ellas.

Cada ejercicio se explica detenidamente con instrucciones paso a paso y sin recurrir a la jerga médica para que sepas exactamente qué músculos estás ejercitando y dónde deberías notar el trabajo porque, no nos engañemos, no todos somos expertos en *fitness*.

Algunos ejercicios tonifican los músculos centrales, como los que se encuentran en el torso. A su vez, eso ayuda a desarrollar la estabilidad central, lo cual previene las lesiones derivadas del ejercicio y corrige la postura general.

Los ejercicios que potencian la estabilidad central, como el Superman (pág. 15), exigen la participación de los músculos del vientre. Para ello, contrae los músculos del abdomen hacia la columna vertebral, pero sin contener la respiración. Eso debería hacer que enderezaras la postura y adoptaras la posición inicial perfecta para realizar el ejercicio.

Antes de comenzar el plan quincenal que te proponemos, deberías comentarlo con tu médico, especialmente si estás embarazada o sufres dolor de espalda, por si hubiera alguna razón por la cual no fuera aconsejable para ti.

La mayoría de los ejercicios de este libro son sencillos. Si te resulta difícil realizar alguno, lo mejor es que dejes de intentarlo y consultes con un experto en *fitness* antes de continuar. Lo más importante que debes recordar es que no debes hacer un esfuerzo excesivo, es mejor que te sientas cómoda en todo momento. Tampoco hay que olvidar que cuando un ejercicio requiere estirar completamente los brazos o las piernas, no se deben bloquear los codos ni las rodillas para evitar posibles lesiones.

La perfección sólo se alcanza con la práctica

Antes de empezar el plan quincenal, familiarízate con los distintos ejercicios. Dedica unas horas a adoptar las distintas posiciones para ganar confianza y asegurarte de que lo haces correctamente. Practica cada ejercicio varias veces para tener claro qué debes sentir al realizar cada uno. También deberías acostumbrarse a llevar un cronómetro en la muñeca o colocar un reloj claramente visible para calcular de forma precisa el tiempo que necesitas para realizar cada ejercicio. El objetivo es hacer cada ejercicio durante 30 segundos. Normalmente, para que el ejercicio dure ese tiempo tendrás que hacer varias repeticiones. En este sentido, te indicamos cuántas deberías realizar para cada ejercicio, pero es importante que lo hagas a tu ritmo. Si completas la tabla de seis minutos sin detenerte más de un par de segundos entre repeticiones, obtendrás resultados.

Una cosa importante que debes recordar es que nunca tienes que notar dolor alguno al hacer los ejercicios. En el improbable caso de que sientas dolor o no te encuentres cómoda al hacer un ejercicio, deja de hacerlo inmediatamente y consulta a tu médico para descartar cualquier afección subyacente que pueda causar el malestar.

Calentamiento

Para protegerte de las lesiones y hacer que tu cuerpo sea lo más receptivo posible al ejercicio, al comienzo del libro hemos incluido un minuto de calentamiento.

No olvides nunca hacer el calentamiento antes de pasar a la tabla de seis minutos.

Si echas un vistazo al plan quincenal (pág. 44), sabrás cómo encajar el calentamiento y los ejercicios en seis minutos. Verás claramente lo que debes hacer cada día. La combinación de ejercicios de cada apartado te ayudará a trabajar el cuerpo en conjunto sin sobrecargar ninguna zona en concreto. Sin embargo, si deseas centrarte en una zona problemática determinada, puedes personalizar el plan añadiendo a la tabla más ejercicios de ese apartado.

Material necesario

Todos los ejercicios de este libro han sido concebidos de manera que requieran el material mínimo. Sin embargo, deberías disponer de algunas cosas básicas:

- Unas buenas zapatillas que sujeten el pie. La mayoría de tiendas de deporte ofrecen una amplia gama y allí te aconsejarán cuáles son las mejores para el ejercicio que vayas a realizar.
- Unos pantalones de deporte, una camiseta o top transpirable, y un sujetador de deporte te permitirán moverte fácilmente y hacer todos los ejercicios lo mejor posible.
- Podrías comprar una esterilla, que encontrarás en tiendas de deporte y en algunos hipermercados.
- También puedes comprar unas mancuernas en una tienda de deporte. Elige un peso que te exija un esfuerzo, pero que no sea imposible de manejar (en la propia tienda te aconsejarán).

Resultados en dos semanas

Transcurridas dos semanas, uno de los mayores cambios que notarás será en el rendimiento. Dependiendo de tu forma física al comenzar el programa, deberías poder aumentar el número de repeticiones durante los 30 segundos asignados a cada ejercicio.

Si no estás acostumbrada a hacer ejercicio, con seis minutos diarios notarás una franca mejoría y apreciarás resultados espectaculares: perderás peso y tendrás unos músculos más firmes y tonificados.

Si te resulta difícil sacar tiempo cada mañana para hacer los ejercicios, prueba lo siguiente:

- Visualiza qué aspecto tendrá tu cuerpo y cómo te sentirás si cumples el plan. Así te darás cuenta de por qué es esencial hacer ejercicio todas las mañanas.
- Pon el despertador media hora antes de lo habitual. Así, podrás dormir 10 minutos más y todavía tendrás tiempo para hacer ejercicio.
- Cómprate unas prendas deportivas que te favorezcan y así tendrás ganas de saltar de la cama para ponértelas.
- Empieza el día con una taza de agua tibia y una rodaja de limón. Te ayudará a eliminar toxinas y a concentrarte.
- Pon música animada, que te motive mientras realizas el ejercicio.

Cómo empezar

Para empezar, utiliza como guía el plan quincenal que te proponemos al final del libro. Si quieres elaborar tu propio programa de gimnasia, puedes hacerlo. Te recomendamos que, tras el calentamiento, elijas seis de los ejercicios de 30 segundos y los repitas para completar los seis minutos.

Como podrás ver en nuestra guía, hemos seleccionado una buena variedad de ejercicios para trabajar cada una de las partes del cuerpo, de manera que si prefieres elaborar tu propio plan, ten eso presente. Y ahora lo único que tienes que hacer es motivarte, prepararte y empezar a hacer ejercicio.

CALENTAMIENTO

Antes de realizar cualquier ejercicio, es importante calentar para preparar los músculos para el trabajo. El calentamiento no sólo previene las lesiones musculares, sino que también ayuda a trabajar de manera más eficiente para obtener mejores resultados.

La mejor forma de calentar es escoger tres de los ejercicios siguientes y realizarlos a baja intensidad durante 20 segundos. Son ideales para este propósito, ya que trabajan los principales grupos musculares.

Elige entre los ejercicios siguientes:

Sentadilla *(pág. 12)*

Zancada hacia atrás *(pág. 16)*

Zancada hacia delante *(pág. 19)*

Tocar la punta del pie en equilibrio *(pág. 21)*

Sentadilla lateral *(pág. 22)*

Steps *(pág. 23)*

Plancha *(pág. 25)*

Flexiones *(pág. 30)*

Combinado de Moy *(pág. 37)*

Estiramiento con la manilla de una puerta

 (pág. 39)

Una vez elegidos los tres ejercicios, realízalos lentamente a un ritmo controlado durante 20 segundos
cada uno. Deberías poder hacer entre cinco y ocho
repeticiones de cada ejercicio.

No tengas prisa. Recuerda que el calentamiento sirve,
como su nombre indica, para calentar los músculos y
prepararlos para el ejercicio.

Trata de ir cambiando los ejercicios de calentamiento
cada día, igual que hemos hecho en el plan de dos
semanas, para no caer en la monotonía y que la rutina
diaria no acabe resultando aburrida.

Una vez completada la secuencia de un minuto,
continúa con los ejercicios de la tabla.

PIERNAS

Sentadilla

Es uno de los ejercicios más eficaces para tonificar los músculos de las piernas y los glúteos, incluidos los isquiotibiales (en la parte posterior de las piernas). Además, es una buena manera de fortalecer la parte inferior del cuerpo. Resulta sencillo hacerlo bien y pronto comprobarás que funciona.

1 Colócate de pie con los pies ligeramente separados (alineados con las caderas). Ponte las manos en la cintura o apóyalas en el respaldo de una silla.

2 Mira hacia delante y cuenta hasta tres mientras doblas las rodillas y agachas el cuerpo, hasta que notes como trabajan los músculos de la parte posterior de los muslos y los glúteos. Cuanto más bajes, más trabajarán esos músculos, pero mantén los pies completamente planos en todo momento. Mantén la espalda recta y asegúrate de que la columna vertebral esté alineada con la cabeza y el cuello.

3 Vuelve a la posición inicial mientras cuentas hasta tres y repite el ejercicio.

Número de repeticiones: el objetivo es hacer unas 10.

2

ATENCIÓN
Mantén los pies siempre planos en el suelo y no los levantes al doblar las rodillas.

Rotación de cadera (tumbada)

Este ejercicio tonifica y fortalece los músculos de
la cadera, así que es una buena manera de luchar
contra las cartucheras (esos molestos cúmulos de
grasa que pueden aparecer en la parte exterior de la
zona superior de los muslos). Si aprietas los glúteos
al rotar la cadera, harás que éstos también trabajen.

1 Túmbate sobre el costado izquierdo y dobla
la rodilla izquierda hasta formar un ángulo de
45 grados con el cuerpo.

2 Apoya la cabeza en la mano el brazo izquierdo
(debería resultarte una posición cómoda). Coloca
la mano derecha en el suelo delante de ti para tener
un apoyo adicional.

3 Contrae los glúteos y levanta la pierna derecha
del suelo todo lo posible, manteniendo el pie
completamente estirado.

ATENCIÓN

Intenta levantar la pierna todo lo
posible sin someterla a demasiada
tensión. Verás que con la práctica
resulta más fácil.

3

4 Baja poco a poco la pierna hacia delante en
dirección al suelo de modo que forme un ángulo
recto con el cuerpo. Mantenla todo lo recta posible
sin bloquear la rodilla.

5 Recupera la posición inicial de la pierna derecha,
manteniéndola a unos centímetros del suelo.

Número de repeticiones: haz tres o más repeticiones
con cada pierna.

4

PIERNAS

Trabajo de gemelos

Resulta difícil tonificar los músculos de la pantorrilla, aunque algunos estudios señalan que caminar con tacones altos ayuda mucho. Pero para tener unas pantorrillas atractivas y torneadas, te recomendamos hacer este ejercicio.

2

1 Ponte delante de un objeto elevado, como un escalón o un libro grueso. Coloca la parte anterior de la planta del pie derecho en el extremo del objeto elevado, de modo que sobresalga el talón.

2 Apóyate en una pared o en una silla. Levanta ligeramente la pierna izquierda doblándola por la rodilla y deja que el talón derecho baje hasta que notes que te tira el músculo de la pantorrilla. Mantén la espalda recta, la cabeza erguida y la pierna derecha estirada.

3 Elévate sobre la punta del pie derecho todo lo que puedas y aguanta un segundo contrayendo el músculo de la pantorrilla.

4 Recupera con cuidado la posición inicial y repite el movimiento con la pierna izquierda.

Número de repeticiones: el objetivo es hacer unas 10 con cada pie.

ATENCIÓN

Controla el movimiento para no caerte. Si eso significa que debes hacer menos de 10 repeticiones con cada pie durante los 30 segundos, no te preocupes.

Superman

Para hacer este ejercicio necesitas un buen sentido del equilibrio, así que si no te sale a la primera, ten paciencia. Es ideal para aumentar la estabilidad del tronco y fortalecer las articulaciones, así como para trabajar los músculos internos de los muslos.

1 Colócate a cuatro patas en el suelo.

2 Contrae los abdominales. Estira el brazo derecho hacia delante y la pierna izquierda hacia atrás, y mantenlos lo más rectos posibles sin bloquear el codo ni la rodilla. Aprieta los músculos abdominales para no arquear la espalda (así reducirás el riesgo de lesiones). Notarás como trabajan los músculos de la pierna estirada. Para incrementar la intensidad del ejercicio, intenta poner el pie de punta (así tensarás aún más los músculos). Mantén la cabeza y el cuello en línea con la espalda para no hacerte daño en el cuello.

3 Recupera poco a poco la posición inicial y repite el movimiento con la pierna y el brazo contrarios.

Número de repeticiones: los principiantes deberían aguantar la posición 12 segundos y cambiar, pero si te sientes cómoda, intenta mover el brazo y la pierna hacia dentro y hacia fuera para potenciar los efectos.

ATENCIÓN
Haz este ejercicio sobre una alfombra mullida o una esterilla para no dañarte las rodillas.

Zancada hacia atrás

Este ejercicio te ayudará a tonificar los cuádriceps, músculos situados en la parte delantera de los muslos, para darte un aspecto sano y atlético.

1 Colócate de pie, con los pies algo separados (alineados con las caderas) y las manos en la cintura.

2 Apoya el pie derecho bien en el suelo y da un paso atrás con la pierna izquierda, doblando la rodilla hasta situarla a unos 15 cm del suelo. Mantén el equilibrio sobre los dedos del pie y notarás como trabajan los músculos de la parte delantera del muslo izquierdo.

3 Recupera la posición inicial y repite el movimiento con la otra pierna.

Número de repeticiones: unas tres con cada pierna, o más si te sientes cómoda.

ATENCIÓN
Comprueba que tienes sitio suficiente antes de echarte hacia atrás. Si deseas añadir intensidad al ejercicio, puedes realizarlo con unas mancuernas en las manos.

1

2

Patada lateral

Es un ejercicio energético que elevará tu ritmo cardiaco y te hará quemar algunas calorías. Es ideal para tonificar los isquiotibiales y los cuádriceps, y también va bien para la cintura.

1 Colócate de pie con los pies un poco separados. Levanta las manos hasta el pecho y ciérralas sin apretar. Los brazos deben estar doblados a ambos lados del tronco para ayudarte a mantener el equilibrio.

2 Levanta la pierna derecha del suelo separándola del cuerpo en un movimiento rápido y controlado. Ten cuidado de no hacerlo de forma brusca, ya que podrías lesionarte la rodilla o la cadera.

3 Vuelve a la posición inicial y repite el movimiento 30 segundos.

4 Repite el ejercicio con la pierna izquierda.

Número de repeticiones: unas 10 con cada pierna.

1

2

ATENCIÓN
No levantes la pierna con demasiada fuerza, ya que puedes sufrir una distensión muscular o lesionarte la rodilla.

GLÚTEOS

Elevación de pierna hacia atrás

Este ejercicio te ayudará a fortalecer y tonificar los *gluteus maximus* (los múscu-los principales de las nalgas, denominados glúteos) y la parte inferior de la espalda.

1 Túmbate boca abajo en el suelo con la cabeza apoyada en el dorso de las manos. Mantén la columna vertebral en línea con el cuello.

2 Aprieta el trasero para que el ejercicio resulte más eficaz, contrae los abdo-minales y levanta del suelo poco a poco la pierna derecha hasta notar que estás trabajando el glúteo. Mantén la pierna estirada y no bloquees la rodilla. No deberías sentir dolor en la parte inferior de la espalda.

3 Lleva la pierna a la posición inicial y repite el movimiento con la pierna izquierda y de nuevo con la derecha (hasta que hayan transcurrido los 30 segundos).

Número de repeticiones: el objetivo es completar tres series de 10 repeticiones. Si lo prefieres, puedes hacer cinco series de seis con una pequeña pausa.

ATENCIÓN
No intentes levantar mucho la pierna ya que obligarás a la espalda a arquearse y eso causará tensión en los músculos.

Zancada hacia delante

Es diferente a la zancada hacia atrás, en la que se trabajan los músculos de las piernas, ya que al echar el cuerpo hacia delante son los glúteos los que soportan la mayor parte del peso. Resulta ideal para fortalecer y tonificar los músculos, y es uno de los ejercicios favoritos de los entrenadores personales.

1 Ponte de pie con los pies ligeramente separados (alineados con las caderas). Coloca las manos en la cintura o a los lados.

2 Da un paso hacia delante con la pierna derecha, doblando la rodilla de manera que la pierna forme casi un ángulo recto respecto al suelo. La planta del pie derecho debe estar completamente apoyada. La pierna izquierda quedará ligeramente doblada, apoyada únicamente en los dedos del pie.

3 Mantén la posición un segundo y recupera la posición inicial haciendo fuerza con la pierna derecha.

4 Repite el ejercicio alternando ambas piernas hasta agotar los 30 segundos.

Número de repeticiones: el objetivo es hacer unas 10 repeticiones (cinco con cada pierna) en el tiempo asignado.

ATENCIÓN
No te eches hacia delante ni bajes el tronco demasiado rápido o acabarás golpeando la rodilla contra el suelo. Sigue siempre un ritmo que te haga sentir cómoda.

2

GLÚTEOS

La grúa

Este ejercicio es como el de Superman, pero de pie. Es ideal para trabajar los glúteos, los isquiotibiales y la zona lumbar, pero requiere mucha habilidad y equilibrio, de modo que conviene hacerlo despacio.

1 De pie, apóyate sólo en la pierna izquierda y mantén el equilibrio.

2 Estira el brazo izquierdo hacia delante y la pierna derecha hacia atrás. Procura mantener la pierna izquierda todo lo recta posible sin bloquear la rodilla.

3 Baja el brazo izquierdo en perpendicular al suelo.

4 Recupera la posición inicial utilizando el eje de la cintura.

5 Repite el movimiento con la pierna y el brazo contrarios.

2

3

Número de repeticiones: unas cuatro, o más si te sientes cómoda.

ATENCIÓN

Este ejercicio es adecuado para todo el mundo. Sólo debes concentrarte y realizarlo despacio para mantener el equilibrio.

Tocar la punta del pie en equilibrio

Este ejercicio requiere algo de habilidad y equilibrio, pero el resultado merece la pena. Al agacharte para tocar la punta del pie desde la posición erguida harás que trabajen los músculos de apoyo que rodean las nalgas y los muslos, y mejorarás tu estabilidad central. Es parecido a la postura de la grúa, pero el cuerpo se dobla por la cintura.

1 Ponte de pie con los pies algo separados. Coloca las manos en la cadera o a los lados. Levanta del suelo la pierna derecha y busca el equilibrio. Tal vez debas apoyar en el suelo la punta del pie derecho si tienes la sensación de que vas a caerte.

2 Con la pierna de apoyo estirada, agáchate y trata de tocar los dedos del pie izquierdo con la mano izquierda. Mantén la pierna estirada, pero sin bloquear la rodilla.

3 A la vez, estira la pierna derecha hacia atrás (sin bloquear la rodilla). Levanta el brazo derecho para equilibrarte. Si no llegas a tocar la punta del pie, deja la mano colgando lo más abajo posible en una posición cómoda.

4 Recupera la posición inicial y repite el movimiento con la otra pierna.

Número de repeticiones: mantén la posición durante unos 10 segundos con cada pierna.

Sentadilla lateral

Es un clásico del aerobic de la década de 1980 y es tan eficaz que se sigue utilizando en muchas tablas de *fitness*. Al agacharnos hacia un lado trabajamos los músculos de la parte interna del muslo y los glúteos, y mejoramos nuestra silueta vista desde atrás.

1 Ponte de pie, con los pies un poco separados (alineados con las caderas) y un poco abiertos hacia fuera. Apoya las manos en la cintura o a los lados.

2 Da un paso hacia el lado con la pierna derecha y dobla ligeramente la rodilla, de manera que el tronco descienda unos centímetros. Deja que el peso del cuerpo repose en la pierna derecha. Mantén los pies planos y bien apoyados en el suelo en todo momento.

3 Recupera la posición inicial impulsándote con el pie derecho.

4 Repite el movimiento con la pierna izquierda y ve alternando las piernas hasta que transcurran los 30 segundos.

Número de repeticiones: el objetivo es hacer 10 con cada pierna.

1

2

ATENCIÓN
Realiza el calentamiento completo que aparece al principio del libro para evitar tirones en los músculos de la ingle al realizar este ejercicio.

Steps

Es un gran ejercicio para sentir como quemas calorías. Al subir y bajar un escalón se aprietan y se contraen los glúteos y eso ayuda a crear un trasero atractivo.

1 Ponte de pie delante de un escalón o un libro grueso. Coloca las manos en la cintura o a los lados.

2 Sube primero la pierna izquierda y a continuación la derecha.

3 Baja del escalón la pierna izquierda y después la derecha.

4 Repite el movimiento empezando con la pierna derecha.

Número de repeticiones: deberías poder hacer 15 o más durante los 30 segundos.

ATENCIÓN

Si quieres ponerte algo en los pies para hacer este ejercicio, mejor unas zapatillas que unos calcetines, ya que con los calcetines podrías resbalarte o caerte.

Abdominales invertidos

Son ideales para trabajar los músculos del abdomen. Notarás el esfuerzo en la barriga y cuanto más te concentres, más eficaz será el ejercicio.

1 Túmbate en el suelo apoyando bien toda la espalda, sin arquearla. Una forma sencilla de hacerlo es contraer los músculos abdominales.

2 Levanta las piernas de modo que muslos y pantorrillas formen un ángulo de 90 grados y cruza los tobillos. Apoya las manos a ambos lados en el suelo.

3 Realizando un movimiento controlado, haz fuerza con los abdominales para levantar del suelo el trasero y la zona lumbar. Apunta con los pies hacia el techo. No debes levantarte mucho, sólo lo justo para notar como trabajan los músculos.

4 Cuenta hasta dos mientras haces el movimiento ascendente y de nuevo hasta dos al hacer el descendente.

5 Transcurridos los 30 segundos, pon los pies en el suelo y recupera la posición inicial.

Número de repeticiones: unas siete en los 30 segundos.

ATENCIÓN

Haz este ejercicio sobre una alfombra mullida o una esterilla para no hacerte daño en la columna. Si eres una absoluta principiante, opta por una versión más sencilla que consiste en llevar las rodillas hacia el pecho haciendo fuerza con los abdominales en lugar de levantar las piernas hacia arriba.

Plancha

No parece un ejercicio demasiado complicado, pero si lo haces bien, verás que es uno de los más intensos del libro y resulta muy eficaz para tonificar los músculos abdominales. Muchas personas, especialmente los principiantes, encuentran difícil mantener la posición mucho rato. Debes tratar de aguantar los 30 segundos al finalizar el plan quincenal.

1 Túmbate en el suelo boca abajo y apoya la frente en las manos.

2 Con los codos doblados, desliza las manos por el suelo, rotándolas a partir de los hombros, hasta encontrar la posición perfecta para elevarte a ambos lados del pecho.

3 Apoya los dedos del pie en el suelo y elévate con las manos. No bloquees los codos y deja el cuello y la cabeza relajados, alineados con la columna.

4 Mantén la postura 10 segundos y recupera poco a poco la posición inicial (tumbada boca abajo). No te olvides de respirar durante el ejercicio.

Número de repeticiones: empieza haciendo tres series de 10 segundos e intenta ir aumentando el tiempo que mantienes la posición hasta llegar a los 30 segundos al finalizar las dos semanas.

ATENCIÓN

Puede que te resulte difícil realizar este ejercicio. No te preocupes si al principio sólo eres capaz de mantener la posición durante cinco segundos. Es cuestión de perseverar.

ABDOMEN

2

Contracción del abdomen

Este ejercicio es la alternativa natural a llevar un corsé. Hace trabajar la musculatura profunda del abdomen (los abdominales oblicuos) para ayudar a aplanar y definir los músculos de la barriga. Es el mejor comienzo para lograr un vientre plano.

1 Ponte de pie con los pies ligeramente separados (alineados con las caderas) y las manos a los lados.

2 Contrae lentamente los abdominales haciendo fuerza hacia dentro, pero sin aguantar la respiración. Si pones la mano en el abdomen, deberías notar que los músculos se tensan (eso significa que están trabajando). Para obtener los mejores resultados, concéntrate de verdad en lo que estás haciendo y siéntelo.

3 Relájate poco a poco y prepárate para comenzar de nuevo.

Número de repeticiones: mantén la postura durante 10 segundos y repite el ejercicio tres veces.

ATENCIÓN
También puedes hacer este ejercicio sentada en una silla.

Giro de cintura

Asegúrate de tener espacio suficiente alrededor para no golpear
nada al mover los brazos. Es un ejercicio divertido que hace
trabajar los abdominales oblicuos (los músculos situados a ambos
lados de la cintura) y te ayuda a definir la silueta.

1 Ponte de pie con los pies algo separados
(alineados con las caderas), las manos a los
lados y las rodillas ligeramente dobladas.

2 Estira los brazos hacia delante y cierra
los puños.

3 Mueve los brazos de un lado a otro,
asegurándote de mantener los pies firmes
en el suelo y las caderas mirando hacia delante.
Empieza poco a poco y toma velocidad, manteniendo siempre el control del movimiento y
las caderas hacia delante.

4 Una vez transcurridos los 30 segundos,
baja los brazos a los lados y recupera
la posición inicial.

Número de repeticiones: todas las posibles
en los 30 segundos.

ATENCIÓN

No te tambalees al mover los brazos, ya que podrías
sufrir un tirón muscular. Si necesitas hacerlo despacio
para controlar el movimiento, no te preocupes.

Abdominal básico

Es un ejercicio intenso para los músculos abdominales y una buena manera de lograr un vientre plano.

1 Túmbate en el suelo, con las rodillas dobladas y los pies planos en el suelo y separados, alineados con la cadera. Mantén la parte inferior de la espalda en contacto con el suelo. Coloca las manos detrás de la cabeza para sujetar el cuello.

2 Tensa los músculos del abdomen, haciendo fuerza hacia dentro y levanta el torso todo lo posible, pero sin arquear la parte inferior de la espalda. Tal vez no puedas elevarte mucho, pero lo que cuenta es el esfuerzo por moverse, así que haz todo el esfuerzo posible mientras te sientas cómoda. Con la práctica, llegarás a sentarte del todo.

3 Cuando ya no puedas subir más, mantén la posición un segundo. Recupera poco a poco la postura inicial y repite el movimiento.

Número de repeticiones: intenta hacer todas las series de cinco que puedas, descansando un poco entre una y otra. Al finalizar las dos semanas, deberías poder hacer repeticiones ininterrumpidamente durante los 30 segundos.

ATENCIÓN

No hagas fuerza con el cuello para elevarte o al día siguiente te dolerá. Te ayudará el hecho de sujetar el cuello con las manos, pero no las utilices para levantar la cabeza del suelo. Deja que los músculos del vientre hagan todo el trabajo.

1

3

La bicicleta

Es parecido al ejercicio anterior, pero al llevar el codo hacia la rodilla contraria haces trabajar los abdominales oblicuos, situados a ambos lados de la cintura. Este ejercicio te ayudará a tener una cintura más fina y definida.

1 Túmbate en el suelo con las rodillas flexionadas y los pies apoyados planos en el suelo.

2 Coloca las manos detrás de la cabeza y, haciendo fuerza con los abdominales, levanta el torso sin despegar del suelo la parte inferior de la espalda.

3 Levanta el pie derecho del suelo y lleva la rodilla derecha hacia el pecho.

4 Échate hacia delante y rota ligeramente el cuerpo para llevar el codo izquierdo hacia la rodilla derecha. No es necesario que se toquen.

5 Mantén la postura un segundo y recupera la posición inicial. Repite el movimiento llevando el codo derecho hacia la rodilla izquierda.

6 Continúa el ejercicio alternando los lados hasta que hayan transcurrido los 30 segundos.

Número de repeticiones: el objetivo es hacer todas las posibles en los 30 segundos (unas 12). Si lo necesitas, haz por ejemplo dos series de seis con una breve pausa entre las dos.

ATENCIÓN

No olvides mantener la cabeza y el cuello alineados con la columna y mirar hacia arriba. Eso evitará posibles lesiones en el cuello.

3

4

BRAZOS

Flexiones

Es un ejercicio completo para tonificar los principales músculos de los brazos, ideal para desarrollar la parte superior del cuerpo y compensar una figura en forma de pera.

1 Túmbate en el suelo boca abajo, con la frente apoyada en las manos. Desliza las manos a los lados hasta situarlas a la altura de los hombros para alcanzar la posición ideal para elevarte.

2 Utiliza los brazos para levantar del suelo la parte superior del cuerpo y adelanta un poco las rodillas de modo que permanezcan en contacto con el suelo y soporten la mayor parte del peso. Cruza las piernas por los tobillos y elévalas del suelo un poco. Eso debería hacer automáticamente que el peso del cuerpo recayera de nuevo en las manos.

3 Flexiona los codos y baja poco a poco la parte superior del cuerpo hasta el suelo, manteniendo siempre la cabeza y los hombros en línea con la columna vertebral. Sepárate del suelo con las manos, levantando la parte superior del cuerpo. Trata de estirar los brazos del todo, pero sin bloquear los codos. Repite este movimiento.

Número de repeticiones: el objetivo es hacer dos series de 10 durante los 30 segundos.

ATENCIÓN

Si contraes los músculos del abdomen, te resultará más fácil mantener la espalda recta y evitar así posibles lesiones. Cuando estas flexiones ya no te resulten difíciles, realízalas apoyando las puntas de los pies en lugar de las rodillas.

2

3

Flexión de bíceps

Los bíceps son los músculos que se encuentran en la parte anterior de la mitad superior de los brazos. Son relativamente fáciles de tonificar y este ejercicio tiene magníficos resultados.

1 Ponte de pie con los pies ligeramente separados (alineados con las caderas) y sin bloquear las rodillas.

2 Coge una mancuerna o una lata de conservas con cada mano y estira los brazos hacia delante con las palmas hacia arriba.

3 Flexiona los codos y lleva las manos hacia ti de manera que los brazos formen ángulos rectos.

4 Vuelve a estirarlos hacia delante. No bloquees los codos en ningún momento.

5 Repite el movimiento hasta que hayan transcurrido los 30 segundos.

Número de repeticiones: el objetivo es hacer todas las que puedas durante los 30 segundos sin apresurarte.

ATENCIÓN

Para saber cuáles son las pesas adecuadas a tus necesidades, lee las indicaciones acerca de la elección de las pesas que aparecen en la introducción.

BRAZOS

Extensión de tríceps

Los tríceps son los músculos situados en la parte posterior de la mitad superior de los brazos. Si se tornan flácidos, pueden aparecer unas bolsas de piel en la parte inferior del brazo. Son unos músculos difíciles de trabajar pero este ejercicio los endurece y los tonifica.

1 Ponte de pie con los pies ligeramente separados (alineados con las caderas). Sujeta con ambas manos un objeto pesado (algo que te resulte cómodo, como una pesa o un libro grueso).

2 Lleva el objeto por encima de la cabeza con los brazos rectos.

3 Dobla los brazos por los codos y baja el objeto hasta detrás de la cabeza.

4 Estira nuevamente los brazos y lleva el objeto encima de la cabeza.

5 Repite lentamente los pasos 3 y 4, controlando siempre el movimiento.

Número de repeticiones: el objetivo es hacer siete repeticiones en los 30 segundos.

ATENCIÓN
Elige una pesa que te cueste trabajo mover pero que controles en todo momento, ya que no conviene que te caiga en la cabeza...

Flexión de brazos con silla

Además de trabajar los tríceps, este ejercicio mejorará tu estabilidad central y tonificará tu abdomen. Es ideal para los brazos, ya que utilizas el peso del cuerpo para fortalecerlos y tonificarlos.

1 Siéntate en el extremo de una silla con las manos a ambos lados del cuerpo asiendo el borde del asiento.

2 En posición sentada, camina hacia delante hasta que el trasero quede en el aire.

3 Deja que los brazos soporten el peso del cuerpo, flexiona los codos y, con las rodillas dobladas, baja poco a poco hacia el suelo, pero no te sientes; lo ideal es que te quedes a unos centímetros del suelo. Mantén el peso bien distribuido para que la silla no se venza.

4 Estira los brazos para levantar el cuerpo. Repite los pasos 3 y 4.

Número de repeticiones: el objetivo es hacer unas seis repeticiones.

ATENCIÓN
Mantén los antebrazos verticales en todo momento para limitar la tensión sobre los hombros.

BRAZOS

Tonificación de tríceps

Es otro buen ejercicio para eliminar la flacidez y tonificar la parte posterior de la mitad superior de los brazos. Cuando lo hagas, asegúrate de levantar el brazo hacia atrás sin separarlo del cuerpo y no hacia un lado.

3 Flexiona de nuevo el codo izquierdo y lleva la pesa o la lata a la posición inicial, cerca del hombro

4 Repite el movimiento unas 12 veces y cambia de posición para hacer el ejercicio con el brazo derecho.

Número de repeticiones: haz unas 10 o 12 con cada brazo.

ATENCIÓN

No balancees el hombro al hacer el ejercicio. Obtendrás mejores resultados si lo haces más despacio y mantienes el control en todo momento.

1

2

1 Apoya la rodilla derecha en una silla y agárrate al asiento con la mano derecha. Mantén la pierna izquierda recta, sin bloquear la rodilla, y sujeta una pesa o una lata de conservas en la mano izquierda.

2 Flexiona el codo izquierdo hasta que la mano quede a la altura del hombro y estira el brazo completamente. Es importante hacer todo el movimiento de manera controlada y acompasada.

Círculos en el aire

Este ejercicio es ideal para tonificar brazos y hombros. Si utilizas pesas, también fortalecerás los brazos y se te marcarán los músculos, de manera que la manga corta te sentará estupendamente.

1 Ponte de pie, con los pies algo separados (alineados con las caderas), las rodillas ligeramente flexionadas y los brazos a los lados.

2 Con una pesa en cada mano, cruza los brazos delante de ti a la altura de la cadera y dibuja un círculo hacia el techo, de manera que se crucen en el aire sobre la cabeza. A continuación, recupera la posición inicial haciendo el movimiento inverso.

3 Descansa un segundo y repite el movimiento en la dirección contraria.

Número de repeticiones: el objetivo es hacer unas 15 en los 30 segundos.

ATENCIÓN

Mantén los brazos completamente estirados al trazar el círculo para que trabajen todos los músculos posibles, pero recuerda no bloquear los codos.

Elevación del torso hacia atrás

Es un gran ejercicio para fortalecer la parte inferior de la espalda. Si complementas el movimiento con la rotación de los brazos, tonificarás además los hombros.

1 Túmbate en el suelo boca abajo con la frente apoyada en las manos.

2 Aprieta los glúteos y utiliza los músculos del abdomen para levantar el torso del suelo hasta donde puedas.

3 Junta los omóplatos rotando los brazos desde los hombros de modo que las palmas queden hacia abajo y los antebrazos se sitúen a la altura del pecho. De esta forma, también trabajarán los hombros.

4 Lleva los brazos de nuevo a la posición inicial y baja el torso hasta el suelo. Repite el movimiento.

Número de repeticiones: el objetivo es hacer unas 15 o más en los 30 segundos.

ATENCIÓN

No intentes levantar demasiado el torso o harás que se arquee la parte inferior de la espalda y forzarás en exceso los músculos. Realiza el movimiento hasta donde te resulte cómodo.

PECHO Y ESPALDA

Combinado de Moy

Este ejercicio es una buena forma de tonificar los músculos de la espalda sin tener que utilizar las complicadas máquinas que hay en el gimnasio.

1 Siéntate en el borde de una silla con una pesa o una lata de conservas en cada mano.

2 Dobla la cintura de modo que el pecho quede apoyado en las rodillas. Mira hacia el suelo y mantén la cabeza y el cuello relajados.

3 Comienza con las manos en el suelo, con los codos ligeramente flexionados; dobla los brazos y lleva las manos hasta la altura de los hombros.

4 Rota las muñecas y estira los brazos hacia delante de modo que queden paralelos respecto al suelo.

5 Haz el movimiento inverso hasta recuperar la posición del paso 2 y repite el movimiento.

Número de repeticiones: el objetivo es hacer unas 15 durante los 30 segundos.

ATENCIÓN
Relaja la cabeza y el cuello, y mantenlos alineados con la columna para no forzar ningún músculo.

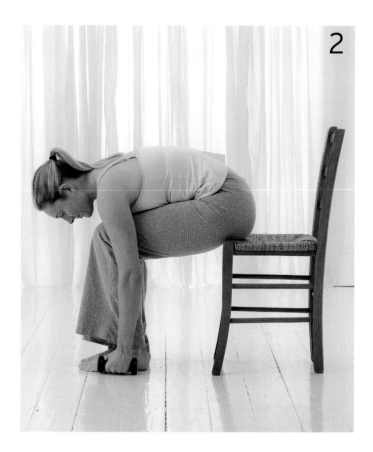

El cortacésped

Este movimiento es parecido al que se hace al arrancar un cortacésped, de ahí su nombre. Trabaja los músculos del centro de la espalda, como los trapecios. Si lo realizas a menudo, los vestidos con la espalda al descubierto te sentarán de miedo.

1 Apoya la rodilla y la mano derechas en el asiento de una silla, igual que para el ejercicio de tonificación del tríceps.

2 Agarra una pesa o una lata de conservas con la mano izquierda y llévala hacia la cadera.

3 Estira el brazo izquierdo en diagonal hacia delante, desplazándolo en dirección al suelo.

4 Lleva la pesa de nuevo hacia la cadera y repite el movimiento.

Número de repeticiones: el objetivo es hacer unas 10 o 12 con el brazo izquierdo antes de cambiar de posición para trabajar el brazo derecho el resto de los 30 segundos.

2

3

ATENCIÓN

Si tienes problemas de espalda, ejercita un lado cada vez. Si quieres trabajar ambos lados al mismo tiempo, retira la silla y ponte de cuclillas para realizar el ejercicio.

Estiramiento con la manilla de una puerta

Suena raro, pero es un ejercicio perfecto para realizar en casa. Al estirar, la resistencia generada por la toalla hará que trabajen todos los músculos de la espalda.

1 Elige una puerta y ata una toalla a la manilla.

2 Asegúrala bien y ponte en cuclillas, sujetando un extremo de la toalla con cada mano. Échate hacia atrás desde la cintura, estirando de la toalla, y notarás como trabajan los músculos de la espalda.

ATENCIÓN

No hagas este ejercicio rápido. Notarás mucha más resistencia si lo realizas despacio y con cuidado que si intentas hacer todas las repeticiones posibles en los 30 segundos.

3

3 Mantén la posición unos segundos y recupera la posición inicial de pie. Repite el movimiento.

Número de repeticiones: intenta hacer unas 20 en los 30 segundos.

Flexiones contra la pared

Es como una flexión de pie y resulta ideal para tonificar los músculos del pecho, especialmente los pectorales, que se encuentran bajo el busto. Si dominas el movimiento, te ayudará a conseguir un pecho más firme sin necesidad de cirugía.

ATENCIÓN

Asegúrate de hacer fuerza al separarte de la pared, así trabajarán tanto los brazos como el pecho.

1 Ponte de pie a unos 60 cm de una pared, con los pies ligeramente separados (alineados con las caderas) y las piernas rectas. No bloquees las rodillas.

2 Échate hacia delante y apoya las manos planas en la pared.

3 Flexiona los brazos y acerca el pecho a la pared.

4 Contrae los músculos del pecho y sepárate de la pared hasta quedar de pie en la posición inicial.

Número de repeticiones: el objetivo es hacer unas 15 repeticiones en los 30 segundos.

3

La oración

Es un ejercicio excelente para tonificar los
músculos pectorales. Como en el caso de
las flexiones contra la pared, al tonificarlos
conseguirás un busto de aspecto más juvenil.

1 Sentada o de pie, junta las palmas de las
manos a la altura de los hombros y levanta
los codos a la misma altura.

2 Mantén la posición todo el tiempo que
puedas (lo ideal es unos 10 segundos)
presionando las palmas tanto como puedas.
Descansa un segundo y repite el ejercicio
hasta que hayan transcurrido los 30 segundos.

Número de repeticiones: el objetivo es
mantener la posición 10 segundos, descansar
un segundo y empezar de nuevo. Al final de las
dos semanas, deberías ser capaz de mantener
la posición los 30 segundos seguidos.

ATENCIÓN

A muchas personas les crujirán las articulaciones
al realizar este ejercicio, así que empieza apretando
las palmas sólo un poco y ve incrementando la presión.
Si haces el ejercicio de esta manera,
evitarás los calambres.

1

La mosca

Al utilizar las pesas con este ejercicio tonificarás los músculos del pecho y fortalecerás los brazos. Es muy completo para la parte superior del cuerpo.

1 Túmbate en el suelo boca arriba con una pesa o una lata de conservas en cada mano. Flexiona las rodillas y apoya los pies planos en el suelo.

2 Estira los brazos en forma de cruz, de manera que formen un ángulo recto con el cuerpo.

3 Con los brazos rectos y sin bloquear los codos, levanta las pesas hacia arriba por encima de la cabeza hasta que se toquen.

4 Mantén la postura un segundo y recupera poco a poco la posición inicial. Repite el movimiento.

Número de repeticiones: el objetivo es hacer tres, descansar unos segundos y repetir el ejercicio hasta que hayan transcurrido los 30 segundos.

ATENCIÓN

Recuerda no doblar los brazos ni bloquear los codos durante el ejercicio.

4

3

Levantamiento de pesas

Este ejercicio es ideal para tonificar los músculos del pecho y de alrededor de la clavícula para conseguir un aspecto sensual. Hazlo a menudo si quieres ponerte un vestido sin tirantes dentro de un par de semanas.

1 Túmbate en el suelo con las rodillas flexionadas y los pies planos en el suelo, con una pesa o una lata de conservas en cada mano.

2 Dobla los codos y levanta las manos de manera que queden justo encima de los hombros.

3 Estira los brazos hacia arriba de modo que formen un ángulo recto con el cuerpo, sujetando las pesas justo por encima de los hombros y con las palmas mirando hacia fuera.

4 Contrae los abdominales e inclina la barbilla hacia el pecho.

5 Baja la barbilla, dobla los codos y lleva las manos a la posición inicial. Descansa un segundo y repite el movimiento.

Número de repeticiones: el objetivo es hacer unas 15.

ATENCIÓN

Empuja desde los hombros cuando estires los brazos para lograr el mayor efecto. Además, asegúrate de mantener la parte inferior de la espalda pegada al suelo en todo momento.

Este plan quincenal es un ejemplo de cómo puedes estructurar tu programa de tonificación. Hemos elegido ejercicios para trabajar los principales grupos musculares y lograr una tabla de gimnasia completa.

Cada mañana empezarás con un breve calentamiento. Hemos seleccionado seis ejercicios diferentes cada día para crear una tabla de tres minutos, que debe realizarse dos veces para que el trabajo total dure seis minutos.

Si lo prefieres, puedes elaborar tu propio plan. Asegúrate de incluir ejercicios variados pero, si quieres perder peso además de tonificar los músculos, recuerda que los ejercicios que se hacen de pie permiten quemar muchas más calorías que los otros. Además, cualquier ejercicio para las piernas comportará un mayor gasto de calorías. Sólo tú sabes qué partes del cuerpo debes tonificar, por tanto, incluye más ejercicios destinados a trabajar esas zonas concretas.

Te recomendamos empezar con nuestro plan y comprobar los resultados. Si más adelante quieres volver a hacer el plan de dos semanas, puedes ajustarlo a tus necesidades. Y ahora, ien marcha!

Día 1

Sentadilla **pág. 12**

Patada lateral **pág. 17**

Elevación de pierna hacia atrás **pág. 18**

Abdominales invertidos **pág. 24**

Flexiones **pág. 30**

Elevación del torso hacia atrás **pág. 36**

Día 2

Rotación de cadera (tumbada) **pág. 13**

Zancada hacia delante **pág. 19**

Steps **pág. 23**

Plancha **pág. 25**

Flexión de bíceps **pág. 31**

Combinado de Moy **pág. 37**

PLAN QUINCENAL

ÍNDICE ALFABÉTICO